ZU
SC
HE
ßEn
Reich
TS

Dieses Buch war in
seiner ersten Auflage kein

**BEST
SELLER**

Völlig zu Recht,
wie wir finden!

Dieses Buch gehört

_____

_____

ISBN: 978-3-947738-83-0
© 2021 Kampenwand Verlag
Raiffeisenstr. 4 · D-83377 Vachendorf
www.kampenwand-verlag.de

2. Auflage 2021

Versand & Vertrieb durch Nova MD GmbH
www.novamd.de · bestellung@novamd.de · +49 (0) 861 166 17 27

Autoren: Franz Zwerschina & Rafael Bettschart
Lektorat: Tatjana Westphal

Printed in Czech Republic

FINIDR, s.r.o. · Lípová 1965 · 737 01 Český Těšín

Franz Zwerschina & Rafael Bettschart

ZUM SCHEIßEN REICHTS*

Das etwas andere Kochbuch

* Kann Spuren von Ironie enthalten

VORWORT ZU DIESER AUFLAGE

Franz Zwerschina: „Was hast du eigentlich mit den Einnahmen aus der 1. Auflage gemacht?"

Rafael Bettschart: „Ist das dein Ernst? Die Kohle hat gerade mal für ein mickriges Abendessen beim Italiener um die Ecke gereicht!"

Franz Zwerschina: „Du hättest ja etwas aus unserem Buch zubereiten können!?"

Rafael Bettschart: „Ich bin doch nicht lebensmüde! Was ist mit dir?"

Franz Zwerschina: „Tja, ich habe investiert!"

Rafael Bettschart: „Ach ja? Immobilien? Juwelen? Jar Jar Binks-Actionfiguren?"

Franz Zwerschina: „Nö, ich habe mir ein paar richtige Kochbücher gekauft!"

Rafael Bettschart: „Uh huh, lass uns dieses Gespräch als Vorwort für die aktuelle Ausgabe verwenden!"

Franz Zwerschina: „Okay! Und was ist mit den Illustrationen? Die sehen immer noch aus, als hätte sie ein besoffener Werkstudent im ersten Semester schnell in der Mittagspause in Paint gemacht?"

Rafael Bettschart: „Ach, da tust du unserem Kevin Unrecht. Er ist immerhin schon im 2. Semester!"

VOR
W
OR
T

WIDMUNG

Dieses Buch ist Jar Jar Binks gewidmet.
Aus Prinzip!

Ein Schuh verträgt durchaus etwas mehr Salz!

KURIOSES

Aufgrund einer verlorenen Wette verzehrte der deutsche Regisseur Werner Herzog im Jahre 1980 vor laufender Kamera einen seiner Schuhe, wobei er auf die Sohle verzichtete. Er erklärte dies damit, dass schließlich auch niemand die Knochen bei einem Hühnchen mitesse.

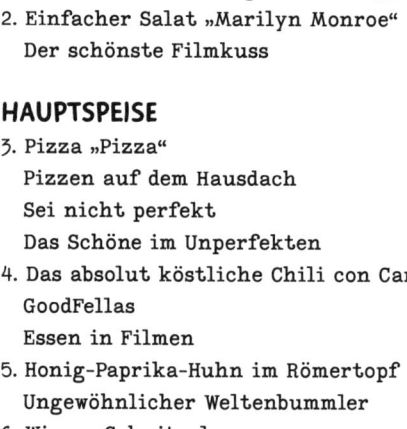

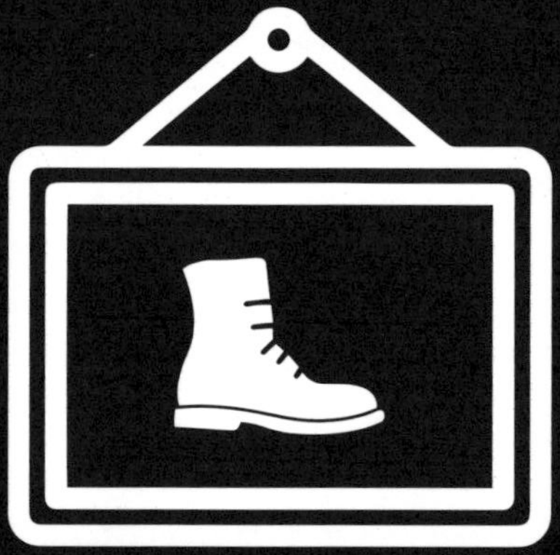

EIN KOCHBUCH OHNE BILDER?

Moderne Kochbücher erwecken den Eindruck, als könne man geradewegs ins Buchpapier beißen. Die in schmeichelhaftes Licht getauchten und perfekt zubereiteten Speisen müssen schön und sauber sein. Kein Klecks zu viel! Am besten noch in mundgerechte Happen serviert und von einem Sternekoch empfohlen. Dieses Buch geht einen anderen Weg. Hier gibt es keinen food porn! Keine Hochglanzbilder! Kein Malen nach Zahlen! Sie finden hier weder ein Plädoyer zur vegetarischen Lebensweise noch eine Anleitung zur Zubereitung von exotischen Spezialitäten. Dieses Kochbuch sagt Ihnen nicht, dass Sie auf Ihre Linie achten, Kalorien zählen oder teure Hightech-Kochgeräte kaufen sollen. Wir wollen Ihnen auch nicht erklären, dass unsere Gerichte besser sind als andere. Wir bieten Ihnen bloß eine vage Richtschnur - in der Hoffnung, dass Sie mit dem Kochlöffel der Fantasie und den Töpfen der Inspiration Ihre eigene Schöpfung kreieren.

Hören Sie auf Ihr Bauchgefühl und vertrauen Sie Ihrem Instinkt. Denken Sie daran: Was auch immer Sie zubereiten - eines werden Sie am Ende ganz sicher feststellen: Zum Scheißen reichts.

ICH
ESSE
ALSO
BIN
ICH

Bud Spencer

VERTRAUEN SIE IHREM INSTINKT

Als Akira Kurosawa einmal von Sidney Lumet gefragt wurde, warum er einen Bildausschnitt genau so und nicht anders gewählt hatte, antwortete der japanische Regisseur entwaffnend ehrlich: „Wenn die Kamera ein wenig links gestanden hätte, wäre die Fabrik von Sony zu sehen gewesen und hätte sie ein wenig nach rechts geschwenkt, hätten wir den Flughafen im Bild gehabt. Und beides passt nicht in einen Historienfilm." Nehmen Sie sich ein Beispiel an Kurosawa. Denken Sie praktisch: Wenn die Suppe langweilig schmeckt, kippen Sie etwas Kokosmilch hinein. Wenn die Frikadellen auseinanderfallen, machen Sie einfach einen Eintopf daraus. Seien Sie kreativ!

Nur der Kleingeist hält Ordnung.
Das Genie überblickt das Chaos!

WAS BRAUCHEN SIE!?

Hier finden Sie eine Liste mit den Utensilien, die Sie zum Gelingen unserer wunderbaren Gerichte benötigen. Sollten sich diese nicht in Ihrem Besitz befinden, gehen Sie jetzt zum Markt - oder wo auch immer man diesen Krempel bekommt - und wir sehen uns nach Ihrem (hoffentlich von Erfolg geprägten) Einkauf wieder.

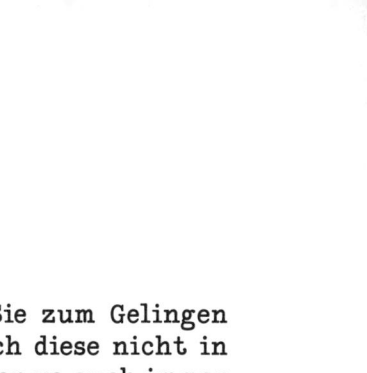

- **einen kleinen Topf**
- **einen größeren Topf**
- **Eine Pfanne (oder Wok)**
- **Ihre Hände**
- **einen Kochlöffel**
- **... oder vielleicht zwei**
- **Gegenstände zum Zerkleinern der Ingredienzen**
- **ein Sieb**
- **ein Nudelholz**
- **Schneidebretter**
- **Werkzeug, mit dem Sie das Essen in Ihren Mund befördern**
  (wackere Naturen benutzen dabei durchaus ihre Finger)

ZU DEN ZUTATEN

Es ist ein Irrglaube, dass exotische Früchte mit noch exotischeren Namen für gute Qualität sprechen. Lassen Sie sich davon nicht beeindrucken. Der Apfel vom Feld, der wie eine verdorrte Aprikose aussieht, kann gesünder sein als das neueste Superfood, für das ein Hollywoodstar sein straffgezogenes Gesicht in die Kamera hält. „Kartoffeln mit Butter" klingt vielleicht weniger spannend als „Moorschneehuhn mit weißen Trüffeln aus dem Piemont" - der Gaumen, glauben Sie uns, freut sich über beides gleichermaßen! Sie müssen jetzt nicht anfangen, den Teppichboden Ihrer 20 Quadratmeter-Wohnung mit Erde auszulegen, um frische Zucchini anzubauen oder freilebende Tiere zu jagen. Die Rebellion beginnt im Kleinen. Warum nicht mal auf die Fertigpizza verzichten und den Teig selbst machen? Warum mit gefrorenen Gewürzen kochen, wenn wir auf dem Fensterbrett prächtiges Basilikum, Schnittlauch und Rosmarin ziehen können? Warum Discounterfleisch kaufen, wenn uns engagierte Bauern Fleisch von gesunden Tieren liefern? Warum verkauft Helene Fischer so viele Alben? →

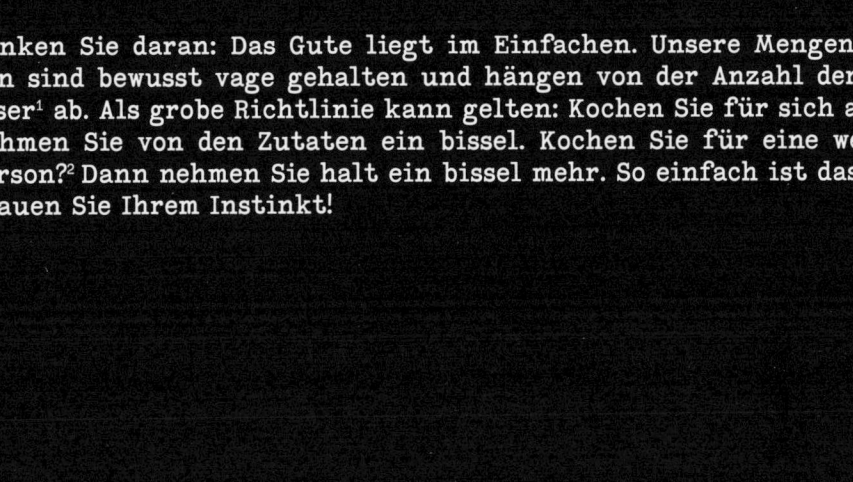

→ Denken Sie daran: Das Gute liegt im Einfachen. Unsere Mengenangaben sind bewusst vage gehalten und hängen von der Anzahl der Mitesser[1] ab. Als grobe Richtlinie kann gelten: Kochen Sie für sich allein, nehmen Sie von den Zutaten ein bissel. Kochen Sie für eine weitere Person?[2] Dann nehmen Sie halt ein bissel mehr. So einfach ist das! Vertrauen Sie Ihrem Instinkt!

[1] Nein, nicht die in Ihrem Gesicht - die zeugen einzig und allein davon, dass Sie zu viel Schokolade essen.

[2] Wenn Sie in einer Partnerschaft leben, sollten Sie das Buch in weiser Voraussicht zweimal kaufen. Das sorgt ihrerseits für Hausfrieden, unsererseits für ein prallgefülltes Bankkonto.

Tendenziell gilt: Aufs Händewaschen nicht vergessen!

Hände sauber?!
Los geht's!

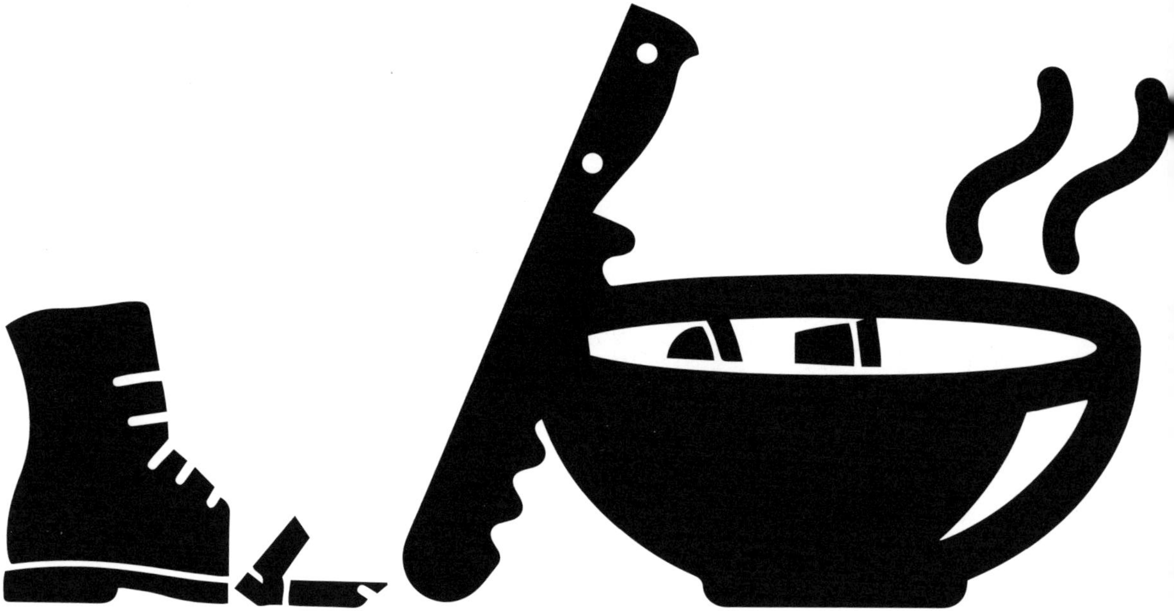

„Gott, was ist Glück!
Eine Grießsuppe, eine Schlafstelle
und keine körperlichen Schmerzen -
das ist schon viel!"

Theodor Fontane

SOUPE À LA CRÈME

SOUPE À LA CRÈME (UGS. DICKE SUPPE)

Die Suppe genießt im deutschsprachigen Raum ein Nischendasein. Verkannt als Arme-Leute-Essen finden wir das flüssig, bis breiige Gericht meist als Vorspeise wieder, die den Appetit anregen, ihn aber nicht stillen soll. Dabei haben bereits die Bauern im Mittelalter viel Aufwand in eine gute Suppe gesteckt: Die Verarbeitung des Fleisches, das Putzen und Schneiden des Gemüses sowie das stundenlange Köcheln auf kleiner Flamme - für viele Köchinnen und Köche ist die Suppe gar die geheime Königin der Tafel. Wichtig für eine gute Suppe sind einwandfreie Zutaten und vor allem: die Suppe muss heiß serviert werden.[5]

[5] Machen Sie sich keine Sorgen, wenn Sie sich bei der Menge etwas verschätzen. Etwas weiter hinter erfahren Sie, wie Sie trotzdem die Contenance bewahren.

ZUTATEN

- ☐ BISSEL OLIVENÖL
- ☐ PORREE
- ☐ ZWIEBELN
- ☐ KNOBLAUCH
- ☐ EIN SACK KARTOFFELN
- ☐ LAUCH
- ☐ PETERSILIE
- ☐ KAROTTEN
- ☐ SALZ UND PFEFFER

SOUPE À LA CRÈME

ZUBEREITUNG

1. Geben Sie etwas Olivenöl in einen großen Topf und erwärmen Sie ihn auf mittlerer Hitze. Das gewaschene und in kleine Würfel geschnittene Gemüse zugeben. Die Hitze ist gerade recht, wenn es schön brutzelt.[4] Warten Sie bis ein angenehmer Geruch die Küche erfüllt.

2. Nun löschen Sie das Ganze mit Wasser ab und warten auf Godot. Um die Wartezeit sinnvoller zu nutzen, hören Sie sich den Klassiker „Supper's Ready" der Band Genesis an. Oder lesen Sie die groteske Geschichte vom Suppenkasper, um sich zu vergewissern, was passiert, wenn man seine Suppe nicht aufisst.

3. Wenn die Karotten den Bisstest bestehen - die Zähne müssen weich hindurchgleiten - werfen Sie den Pürierstab an und zermatschen Sie den Inhalt des Topfes, bis nur noch eine cremige Masse übrigbleibt. Faustregel: Die Höhe der Hitze entscheidet über Sieg oder Niederlage. Die Suppe muss im Teller noch minutenlang dampfen, so heiß muss sie sein.

4. Abgebrühte Naturen kredenzen die Suppe mit etwas zerbröseltem Parmesan und lassen sich als neuer Starkoch feiern.

---

[4] So wie wir - Werte Leser - am Strand in Kroatien, wo wir uns mit dem Geld aus dem Buchverkauf, von der Sonne ausgiebig rösten lassen.

DAZU EMPFEHLEN WIR

Ein schlechter Witz vielleicht:

Ein Mann stochert lieblos in einer Kartoffelsuppe herum. Ein Obdachloser kommt des Weges und fragt ihn, ob er die Suppe bekommen könne. Der Mann stellt ihm den Teller hin und der Obdachlose isst die Suppe. Beim letzten Löffel entdeckt er eine behaarte Spinne im Teller sitzen und übergibt sich. Da sagt der Mann zu ihm: »Sehen Sie, so weit war ich auch schon!«

Fünf sind geladen,
zehn sind gekommen.
Gib Wasser zur Suppe,
heiß alle willkommen.

Nicht drängeln!
Jeder kommt dran!

MARILYN MONROE

EINFACHER SALAT „MARILYN MONROE"

Zu allererst statten Sie dem Frischmarkt in Ihrer Umgebung einen Besuch ab. Das stärkt nicht nur Ihr Immunsystem, sondern erhöht die Chancen, frisches Gemüse zu ergattern. Sie erkennen es daran, dass es nicht in Plastik verschweißt ist, sondern lustig in der Gegend herumliegt und zu bizarren Formen neigt. Im Gegensatz zur industriellen Gleichförmigkeit finden wir bei natürlich geerntetem Essen eine oft wunderbar organische Willkür. Wer kennt sie nicht: die bizarren Kartoffelgewächse, die in Form und Haptik dem männlichen Phallus ähneln oder die knorrige Karotte, die wie kleine japanische Sumoringer aussehen. Wenn Sie sich nicht sicher sind, ob das Gemüse frisch ist, riechen Sie daran, fassen Sie es an - vertrauen Sie Ihren Sinnen. Der moderne Mensch hat diese Fähigkeit verloren - da sind uns die Tiere voraus. Oder haben Sie schon mal eine Katze gesehen, die vor dem Fressen das Ablaufdatum überprüft? Und was ist mit den Hunden, die sich ganz auf ihr Riechorgan verlassen und schnüffelnd zum Hinterteil anderer Hunde laufen, um ... aber lassen wir das! Hier geht es schließlich ums Kochen!

ZUTATEN

SALAT:

- **SALATKOPF**

- **PAPRIKA**
  (Nehmen Sie die roten oder gelben -
  das bringt Farbe ins Spiel)

- **GARTENGURKE**

FÜRS DRESSING:

- **SALZ UND PFEFFER**

- **OLIVENÖL**

- **ESSIG**

- **HONIG**

- **SCHNITTLAUCH**

- **JUNGZWIEBELN**
  (Die sind milder als normale
  Zwiebeln)

19

MARILYN MONROE

ZUBEREITUNG

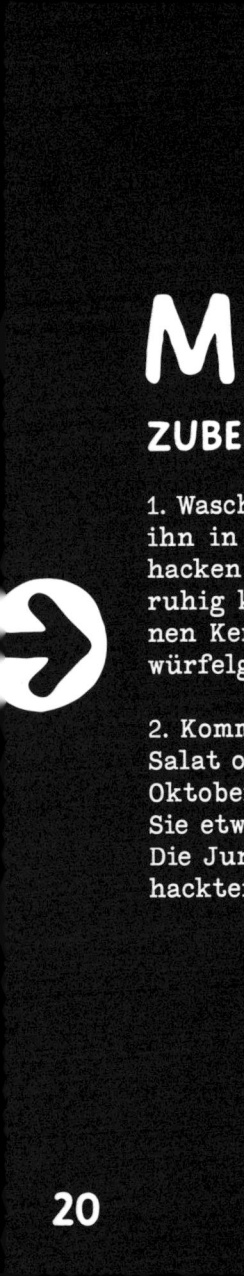

1. Waschen Sie den Kopf (den Salatkopf, nicht Ihren) und schneiden Sie ihn in kleine Schnipsel. Entfernen Sie den Stängel der Paprika und hacken Sie sie zu würfelgroßen Stücken - dabei können Sie die Paprika ruhig komplett verarbeiten, also auch das Kerngehäuse und die kleinen Kerne. Jetzt ist die Gartengurke dran: Schälen und ebenfalls in würfelgroße Happen schneiden.

2. Kommen wir zum Dressing - dem Herzstück eines guten Salates. Ein Salat ohne Dressing ist wie Donald Trump ohne Fettnäpfchen oder das Oktoberfest ohne Uli Hoeneß - möglich, aber nicht vorstellbar. Geben Sie etwas Olivenöl und Essig in ein Glas und verrühren Sie das Ganze. Die Jungzwiebeln ganz fein schneiden und mit dem ebenfalls fein gehackten Schnittlauch dazugeben.

3. Mit Salz und Pfeffer abschmecken. Der gut gefüllte Esslöffel Honig ist keine bloße Zutat, sondern ein Gefährte, der das Dressing zum Trillern bringt. Kippen Sie das (kaltgestellte) Dressing erst kurz vor dem Servieren über den Salat.

4. Und warum ist dieser Salat nun nach der Kinolegende »Marilyn Monroe« benannt? Tja, da fragen Sie am besten die Herausgeber des Buches. Die müssen das Machwerk schließlich verkaufen.

Tipp:
Generell gilt: Salz und Pfeffer sollten unsere Gerichte nicht dominieren, sondern den Eigengeschmack der Zutaten unterstützen.

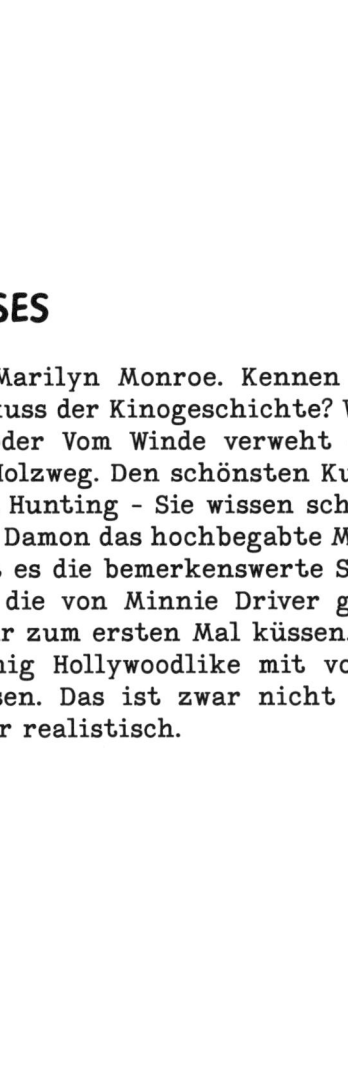

KURIOSES

Apropos Marilyn Monroe. Kennen Sie den schönsten Filmkuss der Kinogeschichte? Wenn Sie jetzt an Titanic oder Vom Winde verweht denken, sind Sie auf dem Holzweg. Den schönsten Kuss findet man in Good Will Hunting - Sie wissen schon - der Film, in dem Matt Damon das hochbegabte Mathegenie spielt. Dort gibt es die bemerkenswerte Szene, in der sich Will und die von Minnie Driver gespielte Studentin Skylar zum ersten Mal küssen. In einer Imbissbude. Wenig Hollywoodlike mit vollem Mund beim Burgeressen. Das ist zwar nicht romantisch aber wunderbar realistisch.

„Um einen guten Salat anzurichten, braucht man vier Charaktere:
einen Verschwender für das Öl, einen Geizhals für den Essig,
einen Weisen für das Salz und einen Narren für den Pfeffer."

François Coppée

HAUPTSPEISE

„Als ob es eine Kunst wäre, mit viel Geld ein
anständiges Mahl herzurichten! Kinderleicht ist das,
der größte Esel[5] bringt das zuwege.
Wer sein Handwerk versteht, der braucht wenig Geld
und kocht trotzdem gut."

Molière

[5] Sie dürfen sich durchaus angesprochen fühlen.

PIZZA „PIZZA"

Haben Sie sich auch schon einmal über moderne Pizzen gewundert? Neben unerschrockenen Wortkreationen der Marke Pizza „Berlusconi" oder Pizza „Sentimentale" (fairerweise mit ordentlich Zwiebel und Tabasco) sind es vor allem die Beläge, die zum Fremdschämen einladen. Was wollen uns Pizzabäcker sagen, wenn sie ihre Teigfladen mit panierten Leberkäse, fettigen Würsten oder ganzen Hühnerkeulen drapieren? Trauen Sie dem Geschmack Ihres eigenen Teigs nicht? In diesem Buch konzentrieren wir uns auf die Essenz einer guten Pizza: Ein einfacher, selbstgemachter Teig und eine würzige Schicht aus klar definierten Zutaten.

ZUTATEN

- MEHL
- EIER VOM HUHN
- WASSER VOM HAHN
- BISSEL ÖL
- HEFEWÜRFEL AUS
  DEM KÜHLREGAL
- SALZ
- ZWIEBELN
- TOMATEN
- MOZZARELLA
- BASILIKUM

PIZNA ZAPN

ZUBEREITUNG

1. Für den Teig nehmen Sie am besten die Hälfte einer herkömmlichen (etwa ziegelsteingroßen) Mehlpackung und kippen sie in eine große Schüssel. Anschließend ein/zwei Eier dazu (funktioniert auch ohne), den Hefewürfel aufbröseln und ebenfalls in die Schüssel geben.

2. Nun etwas Salz und Öl beimengen und jetzt kommt der Zaubertrick: Geben Sie Wasser dazu (ein Trinkglas voll) und kneten Sie das ganze inbrünstig durch. Denken sie dabei durchaus an etwas Schönes.[6] Wundern Sie sich nicht, wenn sich der Teig zunächst hartnäckig an den Händen festsetzt. Wie bereits Paracelsus wusste: Es kommt auf die Dosis an. Als Faustregel sollte gelten: Wenn der Teig zu trocken ist, Wasser dazu. Ist er zu feucht, Mehl dazu. Das machen Sie solange, bis der Teig keine Rückstände mehr auf den Fingern zurücklässt.

[6] Sie Ferkel!

3. Nun bedecken Sie die Schüssel mit einem Geschirrtuch und lassen das Ganze ruhen. In der Zwischenzeit können Sie etwas Sinnvolles tun, etwa bissige Kommentare auf YouTube schreiben oder Katzenvideos ansehen.

4. Wenn Sie alles richtig gemacht haben, wird sich der Teig danach wie von Zauberhand vergrößert haben. Im Kochjargon spricht man von »aufgehen«. Sollten Sie allerdings einen mickrigen Teigklumpen vorfinden, empfehlen wir Ihnen das Kochen aufzugeben und das Buch Ihrem Nachbarn zu schenken. Vergessen Sie aber nicht uns vorher 5 Sterne auf Amazon zu geben. Wir können schließlich nichts für Ihre Unfähigkeit.

PIZNA ZAPN

5. Gehen wir mal davon aus, dass der Teig nun ein fluffiger, luftiger Patzen ist. Den rollen Sie nun auf ein Backblech. Wenn kein Nudelholz zur Hand ist, dann drücken Sie den Teig vorsichtig mit Ihren Fingern bis zu den Rändern aus. Glatzköpfe können dies auch mit Ihrem frisch polierten Kopf tun.

6. Zum Belag: Zerkleinern und verteilen Sie die Tomaten auf dem ausgerollten Teig. Schneiden Sie eine Zwiebel. Wenn sie dabei weinen, haben Sie ihre augenreizenden Dämpfe entdeckt. Oder Sie haben sich in den Finger geschnitten. Beides kommt in den besten Familien vor. Belegen Sie nun den Teig mit den Zwiebelstücken und dem Mozzarella. Nehmen Sie ruhig üppig von dem weißen Gold.

7. Alles geschafft? Wunderbar! Ab damit in den Ofen und bei ordentlicher Hitze backen. Eine halbe Folge Breaking Bad sollte reichen, um den Teig bissfest und den Käse schmelzend zu machen. Vor dem Servieren legen Sie noch ein paar frische Basilikumblätter auf die Pizza. Das Auge isst schließlich mit. Voilà - die Pizza „Pizza".

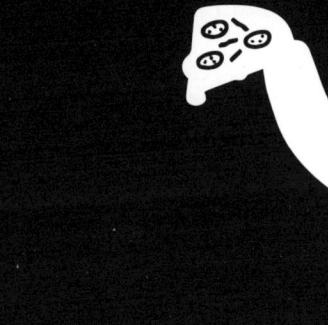

Auch unser kleiner Freund hier steht auf Kochmützen!

PIZZEN AUF DEM HAUSDACH

In der preisgekrönten US-amerikanischen Fernsehserie Breaking Bad begleiten wir Walter White auf einer wahnwitzigen Odyssee vom Chemielehrer zum Methamphetamin-Baron. In der Folge Caballo sin nombre werden wir Zeuge, wie der frustrierte Familienvater eine Pizza auf das Dach seines Hauses schleudert. Die absurde Szene war tatsächlich ein „First Take". Heute pilgern Fans der Serie zu besagtem Haus und werfen - sehr zum Ärger der dort lebenden Familie - Pizzen auf das Dach.

PI

Z^2A

SEI NICHT PERFEKT

Beim Kochen geht es nicht darum, perfekt zu sein. Ganz im Gegenteil: Viele herausragende Köche betonen in Interviews gern, wie wichtig das „Ausprobieren", das Experimentieren und das „Fehlermachen" für ihre Arbeit ist. Um Neues zu erschaffen, ist es notwendig, Fehlschläge in Kauf zu nehmen oder wie es Marlene Dietrich einmal so treffend gesagt hat: „Wenn ich mein Leben noch einmal leben könnte, würde ich die gleichen Fehler machen. Aber ein bisschen früher, damit ich mehr davon habe."

In der Küche sind es oft die kleinen „Fehler", die einem Gericht die besondere Note verleihen: Die mehligen Klümpchen in der Soße, die im Mund wie kleine Ballons aufplatzen oder das Gemüse, das etwas zu lange in der Pfanne brutzelt und plötzlich ganz wunderbare Röstaromen freisetzt. Ein unerwartetes Ergebnis ist oft das schönste Geschenk am Kochen. Festgefahrene Rituale hemmen die Kreativität.

DAS SCHÖNE IM UNPERFEKTEN

Für den Schriftsteller Jack Kerouac war das Unperfekte gar die höchste Kunst. Er arbeitete nach dem Credo »Erster Gedanke! Bester Gedanke!« und verabscheute nachträgliche Korrekturen. Der Legende nach schrieb er seinen Durchbruchsroman On the road - in dem er seine Reise durch das Amerika der 40iger Jahre beschreibt - in nur drei Wochen. Um den Schreibprozess nicht zu unterbrechen, klebte er dutzende Papierblätter zusammen, klemmte sie anschließend in seine Schreibmaschine und ließ seinen ungezähmten Gedanken freien Lauf. Auch sein Schriftstellerfreund William Burroughs war für sein unorthodoxes Arten bekannt. So lieferte er das Manuskript seines Romans Junkie in einem so erbärmlichen Zustand beim Verleger ab, dass sich dieser ernsthaft fragte, ob sich der wirre Inhalt auf den rattenzerfressenen Blättern überhaupt jemals in Buchform bringen lassen würde.[7]

[7] Tat es! Junkie wurde ein Bestseller und gilt heute als Klassiker der amerikanischen Literatur

CHILI
CON
CARNE

DAS ABSOLUT KÖSTLICHE CHILI CON CARNE

Bei Chili con Carne denkt man sofort an Mexiko, an deftige Katerfrüh-
stücke und wunderschöne Señoras, die den feurigen Eintopf im Mondschein stundenlang einkochen und ... aber halt, bitte kaufen Sie sich
einen esoterischen Reiseführer, wenn Sie derlei Dinge lesen wollen.
Hier geht es praktisch weiter.

Das scharfe Gericht gilt vielen als Leibspeise und muss - so man manch
begnadetem Hobbykoch Glauben schenken darf - zweimal brennen. Die
Begründung für diese Annahme ist der Fantasie der Leser überlassen.[8]

[8] Wir möchten uns von diesem Witz ausdrücklich distanzieren - Anm. der Herausgeber!

ZUTATEN

- ☐ ORDENTLICH VIELE TOMATEN
- ☐ GEHACKTES SCHWEINEFLEISCH
- ☐ BOHNEN
- ☐ NOCH MEHR BOHNEN
- ☐ KAROTTEN
- ☐ KNOBLAUCH
- ☐ ZWIEBELN
- ☐ MAIS
- ☐ CHILISCHOTEN
- ☐ OLIVENÖL
- ☐ SALZ UND PFEFFER
- ☐ LAUCH
- ☐ KÜMMEL
- ☐ DOCH KEIN LAUCH[9]

[9] Für diesen Gag mussten keine Tiere leiden!
Anm. der Autoren: Dieser Gag ist laut Umfrage
bei Lesern der erbärmlichste. Aus Mangel an
Alternativen bleibt er dennoch hier stehen.

CHILI CON CARNE

ZUBEREITUNG

1. Geben Sie Öl in den Topf - bodenbedeckt. Knoblauch, Karotten und Zwiebeln kleinschneiden und dazu geben. Wenn das Ganze brutzelt, verteilen wir das Hackfleisch im Topf und braten es an. Wenn sich das Fleisch dunkel färbt, kommen die kleingeschnittenen Tomaten dazu - durchaus eine ordentliche Menge. Anschließend die Bohnen und den Mais beimengen.

2. Nehmen Sie tüchtig von den Chilischoten und beginnen Sie mit der Zerkleinerungsprozedur. Passen Sie auf, dass Sie nichts davon in die Augen bekommen. Selbst eine kleine Menge brennt wie Urinieren mit Gallensteinen.

3. Kümmel ist essenziell für Chili con Carne. Verfeinern Sie damit das deftige Gericht. Trauen Sie sich. Sie werden es nicht bereuen.[10] Jetzt können Sie allmählich die Hitzezufuhr drosseln. Ein leises Blubbern sollte noch zu hören sein. Zwischendurch immer wieder umrühren. Zum Schluss etwas Pfeffer: Optimalerweise ist jetzt die oberste Schicht Ihres Matsches pfeffrig braun.

4. Bei geschlossenem Deckel lassen wir das Gericht nun lustig köcheln. Kosten sie zwischendurch. Fehlt es an Matschigkeit? Dann einfach mehr Bohnen dazu! Nicht scharf genug? Dann noch ein paar Chilischoten hinein. Wichtig ist, dass Ihr Chili nicht austrocknet. Wenn Sie in der Schule aufgepasst haben, wissen Sie: Je länger Sie kochen, desto weniger Wasser. Voilà - Sie haben ein deftiges Chili hinbekommen.

[10] Wir geben keine Gewähr für diese Aussage - Anm. der Herausgeber

KURIOSES

In Martin Scorseses Gangsterdrama GoodFellas -
Drei Jahrzehnte in der Mafia gibt es die bemerkenswerte Szene, in der ein Gangsterboss im Zucht-
haus einsitzt und es sich dennoch nicht nehmen
lässt, herzhaft für seine Mithäftlinge zu kochen.
Man sieht ihn bei der Zubereitung von italienischer
Pasta und ist Zeuge, wie er mit einer Rasierklinge
den Knoblauch in hauchdünne Scheiben schneidet,
damit er in der Pfanne im Öl schmilzt. Auch die bösen Buben haben kulinarische Mindestansprüche.
Lassen Sie sich davon inspirieren!

Epitaph:
Er war ein gut gekleideter Mann
und ein begnadeter Koch!

ESSEN IN FILMEN

Filmregisseure lieben es, Essen opulent in Szene zu setzen. Man denke etwa an Indiana Jones und der Tempel des Todes, in dem es den schlitz-ohrigen Archäologen in einen indischen Palast verschlägt, wo man an der Festtafel lebendige Schlangen, Affenhirn auf Eis und Käferinne-reien verspeist.

Steven Spielberg nutzt Essen gern als dramaturgisches Erzählelement. In Terminal lässt er den am Flughafen festsitzenden Tom Hanks Gratis-Kekse sammeln, ehe er später mithilfe des Gepäckwagentricks genug Geld erwirtschaftet, um seinen Heißhunger mit Burger zu stillen - ein Kniff, um den pragmatischen und cleveren Charakter zu etablieren. In Hook können Peter Pans gealterte Augen den Festschmaus der ver-lorenen Jungs gar nicht wahrnehmen. Erst als Robin Williams seine Vorstellungskraft bemüht, kann er die wahrhaftig kolossale Schlem-merorgie sehen.

Für den japanischen Regisseur Hayao Miyazaki (Schloss im Himmel, Ponyo) ist das Essen eine fast andächtige Beschäftigung, der man sich kontemplativ widmet. Ähnlich wie bei Asterix ist es nahezu unmöglich, die liebevoll gezeichneten Koch- und Essensrituale mit leeren Magen zu schauen.

In dem Animationsfilm Ratatouille gibt es eine bemerkenswerte Szene, in der die kochende Ratte just das vermeintliche »Bauerngericht« Ratatouille zubereitet, um den verbitterten Gourmetkritiker Ego von der Qualität des Restaurants zu überzeugen. In einer wunderschönen Rückblende werden wir Zeuge, wie sich Ego dabei an seine Kindheit erinnert, wodurch sich schließlich sein Herz öffnet.

↓

Die Hobbits in Der Herr der Ringe erinnern sich selbst in ausweglosen Situationen wie ihrer beschwerlichen Reise nach Mordor ans Essen. So fragt Sam den erschöpften Frodo in einem bewegenden Moment, ob er sich noch an den Geschmack von Erdbeeren erinnert und an die Sommergerste auf den Feldern.

In Gefängnisfilmen sind derbe Essensszenen seit jeher Usus. Kaum ein Zuchthausfilm, in dem wir nicht sehen, wie unser Protagonist einen undefinierbaren Matsch auf seinem Teller wiederfindet.

Bei Alfred Hitchcock hingegen dient die Nahrungsaufnahme allein dazu, Charaktere über Sex und Tod lamentieren zu lassen.

Liebe Häftlinge!
Der Gefängniskühlschrank ist ausgefallen!
Dafür gibt es heute Eintopf!

ZUTATEN

- ☐ **EIN HÜHNCHEN**
  (BEVOR SIE DEM HUHN DEN KRAGEN
  UMDREHEN, TAUEN SIE ES BITTE AUF!)[11]

- ☐ **KARTOFFELN**

- ☐ **KNOBLAUCH**

- ☐ **ZWIEBELN**

- ☐ **TOMATEN**

- ☐ **HONIG**

- ☐ **PAPRIKAPULVER**

[11] Die Qualität der Gags wird mit jedem
Kapitel schlechter - Anm. der Herausgeber.
Welche Gags? - Anm. der Autoren.

HUHN
IM
RÖMERTOPF

ZUBEREITUNG

1. Den Backofen vorheizen - 180, 190 oder 200 Grad?! Überraschen Sie uns! Es ist Ihr Essen! Für das Honig-Paprika-Huhn eignet sich der Römertopf. Das Tongefäß wird das Gericht von allen Seiten garen.

2. Wir hacken Knoblauch und Zwiebel klein und vermischen es mit einem guten Schuss Olivenöl. Jetzt das Paprikapulver und den Honig dazu. Salz und Pfeffer nach Belieben. Die so entstandene Politur - die durch den Honig gut haftet - massieren Sie jetzt liebevoll in das Huhn ein und legen das gespickte Tier in den Römertopf.

3. Die Beilagen dürfen ruhig rustikal bleiben: Kartoffeln, Knoblauch, Zwiebeln, Tomaten - alles wandert ungeschält rund um das Huhn. Ein Schuss Olivenöl sollte dabei nicht fehlen. Nun ab in das heiße Backrohr und den Film Chicken Run gucken. Währenddessen wird sich in der Gluthitze aus dem Gemüse und dem Fleisch ein köstlicher Saft absondern. Übergießen Sie das Gericht während des Bratens mehrfach mit dem Bratensaft.

4. Die letzten 10 Minuten darf es ohne Römerdeckel vor sich hinbrutzeln - das sorgt für eine knusprige Haut. Servieren Sie den Braten direkt im Römertopf. Lassen Sie die Kinderstube hinter sich und essen Sie ruhig mit den Fingern.

UNGEWÖHNLICHER WELTENBUMMLER

Der Franzose Guirec Soudée ist ein waschechter Abenteurer. Unter anderem überquerte er den Atlantik per Segelboot. Als ungewöhnlichen Freund hatte er eine Henne mit an Bord. Dabei war Monique nicht nur eine soziale Komponente gegen die Einsamkeit, sondern diente als Proviantgeber und legte während der 28-tägigen Fahrt ganze 25 Eier. Auf Soudées Homepage sieht man das draufgängerische Federvieh unter anderem beim Surfen und Skateboardfahren.

Was war zuerst da?
Das Ei oder die Henne?
Weder noch!
Es war „Jaws"!

WIENER SCHNITZEL

WIENER SCHNITZEL

Fürs Protokoll: Es handelt sich hierbei nicht um ein »Schnitzel nach Wiener Art«, »Paniertes Wiener Schnitzel«, »Wiener Schnitzel vom Schwein« oder einer derartigen geschmacklosen Wortkreation. Ein original Wiener Schnitzel zeichnet sich durch drei Dinge aus: Kalbfleisch, Butterschmalz und Preiselbeermarmelade. Ein Gerücht ist es hingegen, das Schnitzel müsse in seiner Form der österreichischen Landesgrenze entsprechen.

ZUTATEN

- KALBFLEISCH
- KARTOFFELN
- PETERSILIE
- EIER
- SEMMELBRÖSEL
- MEHL
- SALZ UND PFEFFER
- BUTTERSCHMALZ
- PREISELBEERMARMELADE

ZUBEREITUNG

1. Zuallererst klopfen wir das Kalbfleisch dünn. Wenn kein Schnitzel-klopfer zu Hand ist, nehmen Sie eine Weinflasche (für den kultivierten Haushalt) oder einen Schuh (ja, wir meinen Sie!) - eine Klarsichtfolie hilft gegen Straßendreck und damit das Fleisch nicht ausreißt.

2. Das Fleisch in Mehl wenden und in das Ei-Bad legen. Achten Sie darauf, die Schnitzel gut in der gelben Kostbarkeit zu tränken. Die Semmelbrösel schließlich gut andrücken.

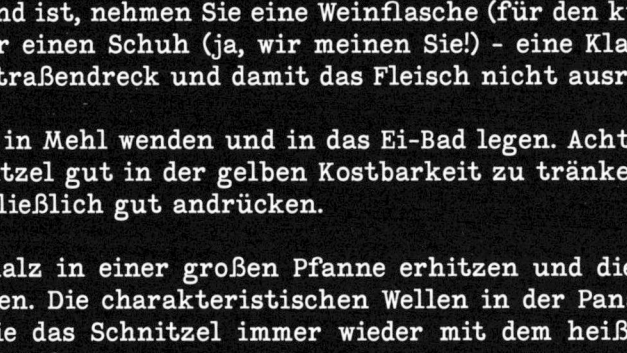

3. Butterschmalz in einer großen Pfanne erhitzen und die Schnitzel goldgelb braten. Die charakteristischen Wellen in der Panade entstehen, indem Sie das Schnitzel immer wieder mit dem heißen Butterschmalz „beschöpfen".

4. Die Kartoffeln im Wasserbad kochen und anschließend mit frischer Petersilie und Salz bestreuen.

5. Serviert wird mit einem Stück Zitrone und reichlich Preiselbeermarmelade. Sollte Sie Ihr Partner, Freund oder Bekannter beim gemeinsamen dinieren darauf hinweisen, dass die Champignonsauce fehlt, begleiten sie Ihn höfflich aber bestimmt zur Tür.

DAZU EMPFEHLEN WIR

Zur Mahlzeit bietet sich etwas Musik an. Das Wiener Lied ist eine Gattung von Musik, von der manche Zeitgenossen behaupten, sie ließe sich nur mit ausreichend Alkohol ertragen. Sie haben Recht! Suchen Sie auf YouTube nach Hermann Leopoldi oder Interpreten wie Hans Moser oder Andre Heller und lassen Sie sich von Gassenhauern wie »Jetzt trink' ma noch a Flascherl Wein« oder »A g'sunder Rausch tuat's a« den Tag versüßen.

Neue Geschmacksrichtung!
Jetzt mit Bubbles!

DER PANIERTE WASCHLAPPEN

Einmal stand ein Umzug vor der Tür. Mein Vater trommelte Freunde, Verwandte und Bekannte zusammen, um beim Möbeltransport zu helfen. Als Dank sollte es nach getaner Arbeit Wiener Schnitzel geben. Onkel Hermann tauchte erst gegen Abend auf, als die Wohnung längst leergeräumt war. Ohne schlechtes Gewissen setzte er sich an die gedeckte Tafel, wo mein Vater die in Butterschmalz geschwenkten Schnitzel an die hungrigen Mäuler verteilte. Für den faulen Hermann allerdings ließ er sich etwas »Besonderes« einfallen. Er schwenkte einen alten Waschlappen[12] in Mehl und Ei, bedeckte ihn mit Semmelbrösel und panierte die Grauslichkeit, bis sie gelbbraun glänzte und von einem Schnitzel nicht mehr zu unterscheiden war. Natürlich waren alle bis auf Hermann eingeweiht, und alle Augen waren also auf Hermann gerichtet, der herzhaft in das vermeintliche Schnitzel biss und einige Momente genüsslich kaute, ehe er den bösen Streich erkannte und unter lautem Gelächter der Anwesenden auf die Toilette stürzte.

---

[12] Sollten Sie über einen ähnlich geschmacklosen Humor verfügen, aber keinen Lappen zur Hand haben, frittieren Sie Ihrem unverschämten Bekannten einfach dieses Buch. Dann ist es wenigstens für Irgendetwas gut.

KÄSESPÄTZLE

KÄSESPÄTZLE

Ess-Trends ändern sich häufiger als die Frisuren von Nicolas Cage. Diätpillen, Light-Produkte, Superfood oder Entschlackungskuren werden im Wochenrhythmus als neue Heilsbringer angepriesen. Doch unser Körper weiß genau, was gut und was schlecht für ihn ist. Wir müssen lernen auf ihn zu hören. Essen Sie nur, wann sie Hunger haben und lernen Sie, auf Symptome des Körpers zu achten.

Unbeeindruckt von jeglichen Esstrends finden sich Käsespätzle in vielen Kochbüchern wieder. Das rustikale Mahl ist einfach zuzubereiten und verwandelt Ihre Küche - je nach verwendeten Käsesorten - schnell in eine stinkende Klause. Und es ist völlig egal, ob Sie zu dem Gericht Käsespätzle (Süddeutschland), Spätzli (Schweiz) oder Kasnockn (Österreich) sagen - wichtig ist, dass es schmeckt.

ZUTATEN

- ☐ MEHL
- ☐ WÜRZIGER KÄSE
  (Z.B. BUTTERKÄSE, BERGKÄSE)
- ☐ WASSER UND MILCH
- ☐ EIER
- ☐ SALZ UND PFEFFER
- ☐ SCHNITTLAUCH

KÄSE SPÄTZLE

ZUBEREITUNG

1. Wie bei der Pizza machen wir uns den Teig selbst. Wir geben eine halbe Packung Mehl in eine Schüssel, mischen ein Wasser/Milch-Gemisch und zwei Eier dazu. Gut durchrühren bis das Ganze die Essenz einer dickflüssigen Gesichtsmaske erreicht. Bei schiefgehaltener Schüssel muss der Teig langsam und zäh nach unten fließen.

2. Wir erhitzen einen großen Topf mit Wasser und schaben die Teigmasse mit einem Brotmesser oder Löffel in das siedende Nass - die abgeschabten Portionen sollten in der Größe etwa dem Austrieb der andalusischen Mönchs-Papaya gleichen.[13]

3. Butter in eine große Pfanne erhitzen, die Spätzle hinzugeben und goldbraun anrösten. Am Ende den Käse darüberreiben. Natürlich frischen Schnittlauch nicht vergessen.

---

[13] Sollten Sie dieses bizarre Gewächs nicht kennen, formen Sie einfach Teigstücke in der Größe des senegalesischen Spitzbauchkaktus.

KURIOSES

Im Roman Tante Jolesch oder der Untergang des Abendlandes in Anekdoten von Friedrich Torberg ist die titelgebende Tante für ihre legendären Kochkünste bekannt. Ihre Rezepturen verrät sie dabei niemandem. Erst am Sterbebett lüftet sie ihr Geheimnis und erklärt, sie habe einfach immer zu wenig gemacht. Hunger ist eben immer noch der beste Koch.

ESSEN UND DIE SPRACHE

In gewissen Kreisen kursiert die Unsitte, den Menschen auf seine Sprache zu reduzieren. Das macht auch vor der Welt des Kochens nicht halt. So rollt ein Haubenkoch schon mal mit den Augen, wenn man zur »Entenbrust mit Zwetschgen-Ragout« furchtlos seine »Knotschi« bestellt oder zum Nachtisch einen »Expresso« ordert. Doch machen Sie sich keinen Kopf darum. Sie müssen kein Sprachtalent sein, um gutes Essen zu genießen. Wie heißt es in einer alten indianischen Geschichte:

»Der Häuptling konnte sich keiner zivilisierten Sprache bedienen, ja, seine gutturalen Laute erinnerten mehr an die Brunftrufe notgeiler Langhaarbüffel. Doch wenn wir nachts am Lagerfeuer saßen und die Schatten der Rocky Mountains wie stumme Wächter im Mondschein lagen, war das alles vergessen. Dann nämlich ließ uns der Häuptling an dem Ritus teilhaben und wir tunkten unsere Löffel gemeinsam in den großen Lehmtopf, der inmitten der aus Büffelhaut hergestellten Wigwams stand. Es war als esse man gemeinsam die Seele der Welt. Jeder Bissen war wie ein Stück Unendlichkeit. Ich habe nie herausgefunden, welch wunderbare Zutaten in dem Kessel waren, aber noch am Sterbebett werde ich an dieses köstliche Mahl denken.«

Die Antwort auf die ultimative Frage
nach dem Leben, dem Universum
und dem ganzen Rest ist 42!
Bis jetzt!

MÜLLERIN FORELLE

LAUNIGE FORELLE „MÜLLERIN"

Ein Fisch darf in diesem Buch natürlich nicht fehlen. Wir haben uns für einen einheimischen Flussbewohner entschieden. Fisch ist reich an hochwertigem Eiweiß, Vitaminen und Mineralstoffen und ist eine, im wahrsten Sinne des Wortes, glänzende Alternative zu Fleisch. Wer nicht das Privileg hat, einen eigenen Teich vor der Haustür[14] zu haben oder Mitglied in einem Fischereiverein zu sein, sollte sich die Forelle frisch vom Fischmarkt holen.

Bitte sehen Sie davon ab, Fische aus Industrieflüssen, Toiletten, Kanälen oder städtischen Seekloaken zu entnehmen. Auch wenn kein Atomkraftwerk in der Nähe steht, erinnern wir hier gern an den drei-äugigen Fisch, der als Running Gag immer wieder in den Simpsons auftaucht. Essen Sie nur Tiere, in deren Lebensbereich sie auch selbst bedenkenlos leben könnten.

[14] Die Silberfische in Ihrem Bad sollten Sie tunlichst nicht verspeisen.

ZUTATEN

FISCH:

- FORELLE (OHNE INNEREIEN)
- MEHL
- ZITRONE
- KNOBLAUCH
- PAPRIKAPULVER
- PETERSILIE
- BUTTER
- SALZ UND PFEFFER
- KNOBLAUCH
- PAPRIKAPULVER

KARTOFFELPÜREE:

- KARTOFFELN
- MILCH
- MUSKATNUSS
- BUTTER

MÜLLERIN FORELLE

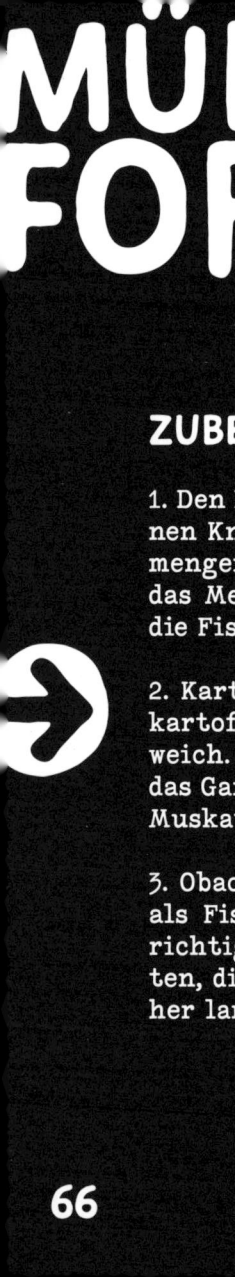

ZUBEREITUNG

1. Den Fisch innen wie außen salzen und pfeffern. Den kleingeschnitte-nen Knoblauch mit dem Paprikapulver und dem Saft einer Zitrone ver-mengen und damit den Fisch einreiben. Danach in Mehl wenden. Durch das Mehlieren entstehen köstliche Brataromen und zusätzlich klebt die Fischhaut nicht an der Pfanne.

2. Kartoffelpüree ist eine geschmackvolle Alternative zu Petersilien-kartoffeln. Wir schälen und kochen die gelben Knollen im Salzwasser weich. Geben Sie nach dem Absieben die Milch dazu und stampfen Sie das Ganze zu einem cremigen Matsch. Salz, etwas Butter und eine Prise Muskatpulver runden das Püree ab.

3. Obacht beim Essen: Die Fischstäbchen, die man Ihnen normalerweise als Fisch verkauft, können Sie hastig hinunterschlingen. Bei einer richtigen Forelle hingegen lösen sich beim Braten womöglich die Grä-ten, die äußerst unangenehm im Mund piesacken können. Essen Sie da-her langsam und genießen Sie jeden Bissen.

DAZU EMPFEHLEN WIR

Was empfehlen wir dazu?
Wieder einen schlechten Witz!

Gast: „Zahlen bitte!"

Kellner: „Was hatten Sie denn?"

Gast: „Bei Gott, das weiß nur der Koch,
bestellt hatte ich Forelle!"

KURIOSES

In dem südkoreanischen Film Oldboy verspeist
Hauptdarsteller Choi Min-Sik einen lebendigen
Oktopus. Für die morbide Szene mussten vier
Kraken ihr Leben lassen. Später bedankte sich
der Schauspieler bei einer Preisverleihung unter
anderen bei den toten Oktopoden.

Und der Oscar geht an:
Mr. Oktopus!

GUACAMOLE-WRAP

LECKERER GUACAMOLE-WRAP

Wollen Sie etwas internationalen Flair in Ihre Küche bringen? Mit diesem einfachen kulinarischen Gericht sorgen Sie im Nu für südamerikanische Stimmung in Ihrem Heim. Wenn Sie sich jetzt noch einen Schmöker[15] von Gabriel García Márquez ins Regal stellen, wird man Sie als kultivierten Connaisseur in Erinnerung behalten.

[15] Je dicker desto besser![15.1]
[15.1] Der Schmöcker! Versteht sich!

WRAP:

- ☐ TORTILLAS
- ☐ EISBERGSALAT
- ☐ SCHAFSKÄSE

DIP:

- ☐ AVOCADOS
- ☐ TOMATEN
- ☐ ZITRONE
- ☐ KNOBLAUCH
- ☐ NATURJOGHURT

ZUTATEN

ZUBEREITUNG

1. Avocado-Dip: Halbieren Sie die Avocados und entfernen Sie den Kern. Lösen Sie mit einem Löffel das Fruchtfleisch heraus und zerdrücken Sie es mit einer Gabel zu feinem Mus. Die kleingeschnittenen Tomaten, Zitronensaft, Knoblauch und den Joghurt dazugeben und alles miteinander vermischen. Mit Salz und Pfeffer abschmecken.

2. Bestreichen Sie die Tortillas liebevoll mit dem Avocado-Dip und belegen Sie ihn mit einem Salatblatt und den Schafskäsewürfeln.

3. Zu guter Letzt müssen Sie den Wrap zusammenrollen. Dazu gibt es verschiedene kreative Ansätze. Ob Sie die Wraps zu tütenartigen Gebilden drehen, kleine Hörnchen bilden oder die Architektur von „Maultaschen" bevorzugen, ist allein Ihrer Fantasie überlassen. Sollte Ihnen der widerspenstige Fladen immer wieder aufklappen, ist das auch keine Schande. Legen Sie einfach Ihre Würde ab und verwenden Sie Messer und Gabel.

Kochen verbindet die Menschen!
Die Liebe zur Huttracht ebenso!

JAUSNEN (BROTZEIT)

Eine Tradition, die leider mehr und mehr in Vergessenheit gerät: die gemeinsame Brotzeit. Basis für eine gute „Jause" sind ein dunkler Laib Schwarzbrot und Butter. Eine Zubereitung sollte jeder Esel[16] zuwege-bringen, daher soll an dieser Stelle eine nostalgische Erinnerung Ihre Lust auf das Essen steigern:

[16] Wir ersparen Ihnen hier jedweden Kommentar - Anm. der Herausgeber

Ich erinnere mich noch, wie ich als Kind mit meinen Eltern am Esstisch saß. Verschiedenste Köstlichkeiten warteten nur darauf, in mundgerechte Happen geschnitten, miteinander kombiniert und von Brot aufgetunkt zu werden. Wir hatten diesen großen Holzteller, der sich unter der gierigen Hand meines Vaters drehte und all die duftenden Speisen an meiner Nase vorbei gleiten ließ, als wären es die kostbarsten Dinge der Welt. Mein Vater schnitt den Brotlaib in daumendicke Schnitten und beschmierte sie mit einer zentimeterdicken Butterschicht: „Die Zahnabdrücke muss man sehen können", pflegte er zu sagen. Meine Mutter holte die dicken Einmachgläser aus dem Kabinett, der gummierte Einkochring zischte und die Aromen eingelegter Maiskölbchen und Bohnen stiegen mir in die Nase. Längst schimmerte der Holzteller als pittoreskes Gemälde aus Käse, Hartwurst, Bärlauch, Pfefferoni und weich gekochten Eiern. Abgerundet wurde das Stillleben von verschiedenen Senfsorten, die wie Farben auf einer Malerpalette zwischen den Köstlichkeiten lagen. Dann rülpste mein Vater und jedwede Poesie verflog augenblicklich.

KÜRBIS-ZIEGENKÄSE-BURGER

KÜRBIS-ZIEGENKÄSE-BURGER

Der Burger hat in den letzten Jahren ungemein an Beliebtheit gewonnen. Nicht nur in hippen Vierteln[17] ist das Fast Food kaum mehr wegzudenken - auch in traditionellen, deutschen Restaurants findet sich der Burger mittlerweile auf der Speisekarte. Mit seiner einfachen Zubereitung, der schier unendlich großen Variantenvielfalt und der praktischen Ess-Methode - die kein Besteck voraussetzt - erklimmt der Burger durch die Bank Spitzenplätze in Rankings der beliebtesten Gerichte. Höchste Zeit also, sich endlich mal selbst einen zu machen!

---

[17] Oft bewohnt von Gestalten wie Fabio, Justin und Jaqueline, die einst aus Bad Tölz nach Berlin gezogen sind und eigentlich Alois, Sepp und Lisi heißen.

ZUTATEN

BURGER:
- BURGERBRÖTCHEN
- ZIEGENKÄSE (ZIEGENCAMEMBERT)
- MEHL
- EIER (VERQUIRLT)
- KÜRBISKERNE (GEMAHLEN)

FÜR DIE SOßE:
- ZWIEBELN
- ROTE BETE
- RUCOLA
- SALZ UND PFEFFER

KÜRBIS-ZIEGENKÄSE-BURGER

ZUBEREITUNG

1. Das Mehl, die verquirlten Eier und die gemahlenen Kürbiskerne jeweils in eine Schüssel geben. Den Ziegenkäse im Mehl wenden, ins Ei-Bad legen und anschließend in den Kürbiskernbröseln wälzen. Anschließend im heißen Öl knusprig ausbacken.

2. Die Burgerbrötchen in der Längsachse[18] halbieren und bei kleiner Hitze im Backrohr knusprig backen.

3. Für die Soße die rote Bete grob würfeln und mit dem Rucola vermischen. Die geschälten und kleingehackten Zwiebeln zugeben. Die knusprigen Brötchen mit der Soße bestreichen und den Ziegenkäse dazwischen legen. Beim ersten Bissen sollte ein herzhaftes „Mjam" Ihrer Kehle entweichen.

[18] Sie können das Brötchen auch vertikal in zwei Teile schneiden, was jedoch eine strunzblöde Idee wäre.

TIPP [19]

Damit der Käse beim Panieren nicht sofort
schmilzt, legen Sie ihn vor dem Ausbacken
für eine Viertelstunde ins Gefrierfach.

[19] Dieser Tipp ist gratis, aber nicht umsonst!

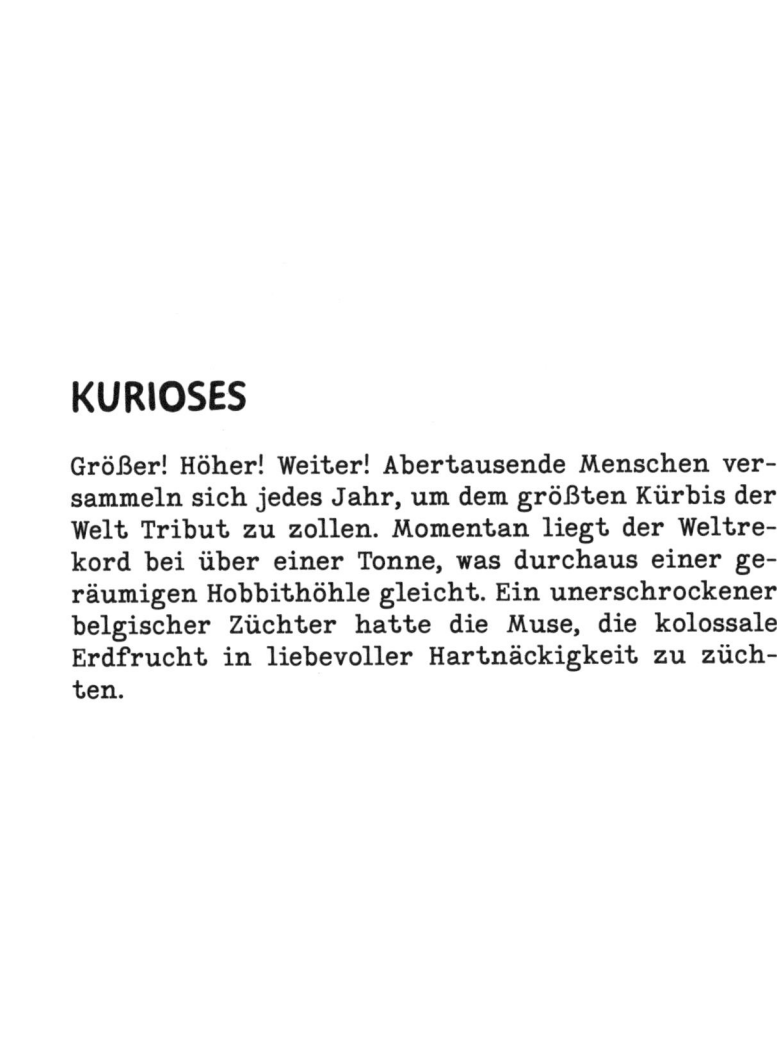

KURIOSES

Größer! Höher! Weiter! Abertausende Menschen versammeln sich jedes Jahr, um dem größten Kürbis der Welt Tribut zu zollen. Momentan liegt der Weltrekord bei über einer Tonne, was durchaus einer geräumigen Hobbithöhle gleicht. Ein unerschrockener belgischer Züchter hatte die Muse, die kolossale Erdfrucht in liebevoller Hartnäckigkeit zu züchten.

DER ALTERNATIVE BURGER

Streichen Sie Butter auf das Burgerbrötchen und schon haben Sie ein Butterbrot. Alternativ können Sie den Burger auch toasten.

NACH
TISCH

Hier sollte eigentlich ein geistreiches
Zitat aus unserer Feder stehen.[20]

[20] Leider ist uns immer noch keines eingefallen - Anm. der Autoren

FRUCHT ZWERG

DER VEGANE FRUCHTZWERG

Passend zum aktuellen Gesundheitswahn der westlichen Gesellschaft haben wir uns für ein entsprechendes Gericht entschieden. In der Zeit des behutsamen Umganges mit dem eigenen Körper ist es auch gut und richtig, etwas Gesundes und Veganes zu machen.

ZUTATEN

- ÄPFEL
- BIRNEN
- BANANEN
- WEINTRAUBEN
- HIMBEEREN
  (AM BESTEN ALLE FRÜCHTE DIE SICH
  IN IHREM BESITZ BEFINDEN)
- HONIG
- SCHLAGSAHNE

ZUBEREITUNG

1. Wir beginnen mit dem Zerkleinern der wunderbaren Ingredienzen. Um diese Prozedur zu beschleunigen, nehmen Sie einen mittelkleinen Topf, geben die Früchte hinein und beginnen mit ordentlich Kraftaufwand, die Zutaten so lange zu bearbeiten, bis das Ganze zu einem liquiden Fruchtmatsch wird. Die Konsistenz sollten Sie bereits vom Chili kennen.

2. Anschließend nehmen Sie ein Gefäß und befüllen es mit einer Schicht liquiden Matsches. Etwas Honig dazu und anschließend folgt die nächste Schicht Matsch. Dies wiederholen Sie so oft, bis die Gefäße bis zum Anschlag gefüllt sind. Aber das Ganze sieht noch nicht wirklich wie ein Zwerg aus, oder?

3. Zu guter Letzt schlagen Sie also etwas Sahne steif und bekränzen damit das Fruchtmus, bis es wie der Hut eines Gartenzwerges aussieht. Et voilà! Ihr veganer Fruchtzwerg ist fertig.[21]

[21] Sollten Sie die berechtigte Kritik anmerken, dass es sich bei dem Gericht aufgrund des Honigs und der Sahne nicht um eine vegane Mahlzeit handelt, dann haben Sie Recht. Niemand ist perfekt!

Hat hier jemand nach Eiscreme gefragt?!

SCHOKO LADEN EIS

SCHOKOLADENEIS À LA BONNE HEURE

Legen Sie eine Tafel Schokolade ins Gefrierfach und erfreuen Sie sich über ein wunderbares Schokoladeneis. Das schöne liegt so oft im Einfachen!

„Nichts ist wertvoller als ein guter Freund,
außer ein Freund mit Schokolade."

Charles Dickens

MINI
GERICHTE

SCHWEIZER KÄSE

SCHWEIZER KÄSE[22]

Kaufen Sie einen beliebigen Käse, nehmen Sie einen Bleistift zur Hand und bohren Sie ein paar Löcher hinein - der Käse muss schließlich atmen.

---

[22] Wir bitten unsere Schweizer Leser um Nachsicht für dieses Gericht. Als Strafe haben wir die Herren Autoren dazu verdonnert, das nächste DJ-Bobo Konzert zu besuchen - Anm. der Herausgeber.

ESSEN IN DER KUNST

Seit Menschengedenken wird Essen in Liedern besungen und in Bildern verewigt. Man denke an Andy Warhol, der alltägliche Suppendosen als große Kunst verkaufte und das Abbild einer herkömmlichen Banane auf das Plattencover der Band The Velvet Underground druckte. Manch heute hoch verehrte Maler pinselten sich satt an reich gedeckten Tafeln und starben doch selbst in bitterer Armut.

Ich bin beeindruckt von soviel Ausdruck!

DAS VEGANE STEAK

Grasen Sie den Frischmarkt nach Grünzeug ab - nehmen Sie ruhigen Gewissens die Einsiedler des Gemüsekorbs: Die schrumpelige Karotte, die einsam in der Ecke liegt, die bucklige Paprika, die ausgedörrte Zucchini und den beharrten Mais. Zuhause schälen und kochen Sie die Außenseiter, bis sie gut kaubar sind. Nach dem Absieben pressen Sie die bunte Mischung in eine Ausstechform und servieren sie der erstaunten Menge.[23]

[23] Als Zulage bietet sich Gemüse an - Sie sollten schließlich auf Ihre Gesundheit achten!

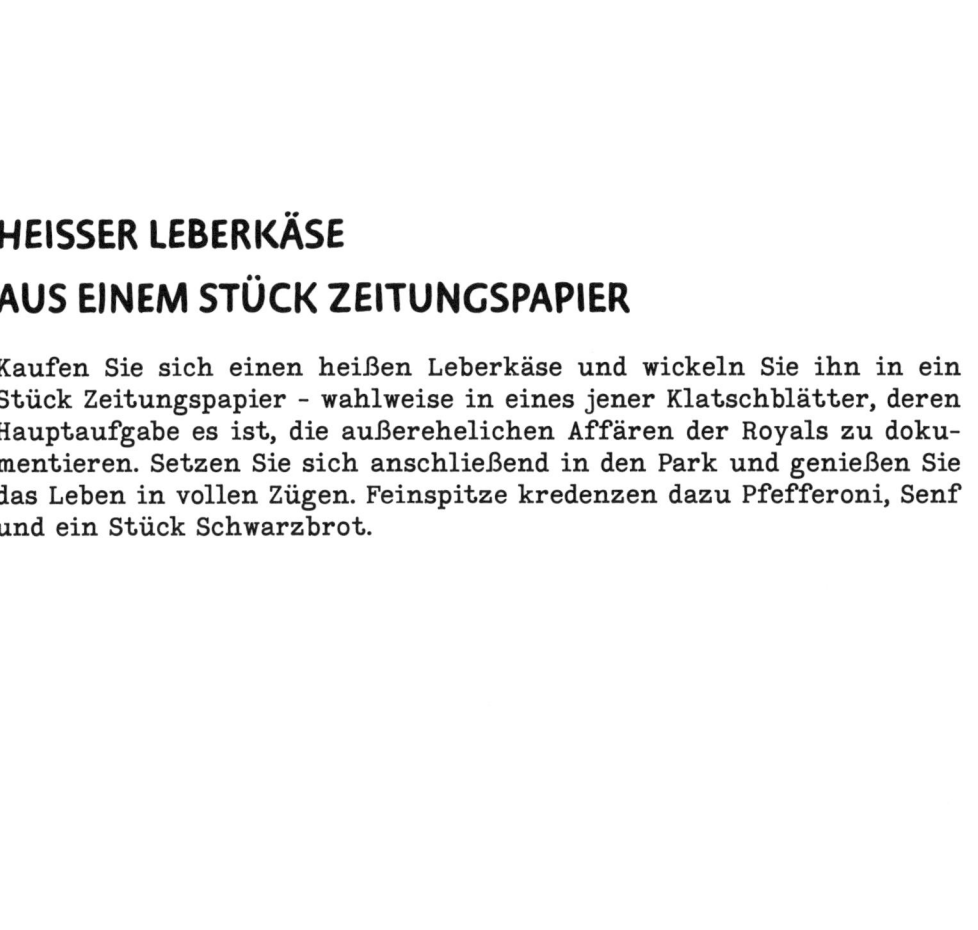

HEISSER LEBERKÄSE
AUS EINEM STÜCK ZEITUNGSPAPIER

Kaufen Sie sich einen heißen Leberkäse und wickeln Sie ihn in ein Stück Zeitungspapier - wahlweise in eines jener Klatschblätter, deren Hauptaufgabe es ist, die außerehelichen Affären der Royals zu dokumentieren. Setzen Sie sich anschließend in den Park und genießen Sie das Leben in vollen Zügen. Feinspitze kredenzen dazu Pfefferoni, Senf und ein Stück Schwarzbrot.

HIER FINDEN SIE PLATZ FÜR EIGENE GERICHTE:

(Sie können aber auch Strichmännchen, Brüste oder Jar Jar Binks hier hinkritzeln)

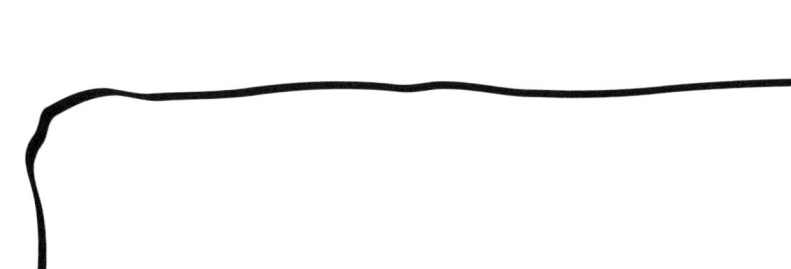

EIN HERZLICHES CHEERIO AN ALLE,
DIE UNS UNTERSTÜTZT HABEN!

Danke auch an meine Mama, die es irgendwie schafft, dass ihre „Wurstschüsserl mit Spiegelei" besser schmecken als jedes Drei-Sterne-Gericht der Welt.

Man ist, was man frisst

DAS SINNLOSE GIMMICK:
DIE GABEL ZUM SELBERBASTELN

- ▶ Vorlage ausschneiden.

- ▶ Form auf Holzplatte übertragen.

- ▶ Holz ausschneiden und sich wie Robinson Crusoe fühlen.

- ▶ Wir raten Ihnen, die Gabel vor Benutzung zu testen.[24]

[24] Bitte nicht an einem Freitag ausprobieren![25]

[25] Diesen Gag hat kaum ein Leser der 1. Auflage kapiert. Nun, als Autoren können wir uns das intellektuelle Niveau unserer Rezipienten leider nicht aussuchen.